Impressum
Verlag: BABADADA GmbH, Nedderfeld 112 , 22529 Hamburg
Geschäftsführer / Verlagsleitung: Harald Hof
Druck: Books on Demand GmbH, In de Tarpen 42, 22848 Norderstedt

Imprint
Publisher: BABADADA GmbH, Nedderfeld 112 , 22529 Hamburg, Germany
Managing Director / Publishing direction: Harald Hof
Print: Books on Demand GmbH, In de Tarpen 42, 22848 Norderstedt, Germany

សាលារៀន

Schule

ចែក
dividieren

$186/2$

ក្ដារខៀន
Tafel

បន្ទប់រៀន
Klassenzimmer

ទីធ្លាសាលារៀន
Schulhof

គ្រូបង្រៀន
Lehrer

ក្រដាស
Papier

សរសេរ
schreiben

ប៊ិក
Stift

តុការិយាល័យ
Schreibtisch

បន្ទាត់
Lineal

សៀវភៅ
Buch

កូនសិស្ស
Schüler

សម្ភារៈតសុបកែ
Ranzen

ប្រអប់ដាក់ខ្មៅដៃ
Federmappe

ខ្មៅដៃ
Bleistift

ប្រដាប់ខ្លៅងខ្មៅដៃ
Bleistiftanspitzer

ជ័រលុប
Radiergummi

ផ្ទាំងគំនូរ
Zeichenblock

គំនូរ

Zeichnung

ជក់គូរ

Pinsel

ប្រអប់ថ្នាំលាប

Malkasten

កន្ត្រៃ

Schere

ការបិទ

Klebstoff

សៀវភៅលំហាត់

Übungsheft

កិច្ចការផ្ទះ

Hausaufgabe

12

លខេ

Zahl

2+2

បូក

addieren

5-2

ដក

subtrahieren

2×2

គុណ

multiplizieren

គណនា

rechnen

A

លិខិត

Buchstabe

ABCDEFG HIJKLMN OPQRSTU VWXYZ

អក្ខរក្រម

Alphabet

hello

ពាក្យ

Wort

អត្ថបទ

Text

អាន

lesen

ដីស

Kreide

មេរៀន

Stunde

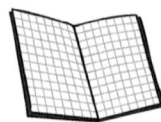

ចុះឈ្មោះ

Klassenbuch

ការប្រលង

Prüfung

វិញ្ញាបនបត្រ

Zeugnis

ឯកសណ្ឋានសាលា

Schuluniform

ការអប់រំ

Ausbildung

សព្វវចនាធិប្បាយ

Lexikon

សាកលវិទ្យាល័យ

Universität

មីក្រូទស្សន៍

Mikroskop

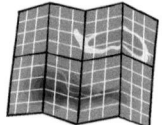

ផែនទី

Karte

កន្ត្រករដាក់សំរាមកូរដាស

Papierkorb

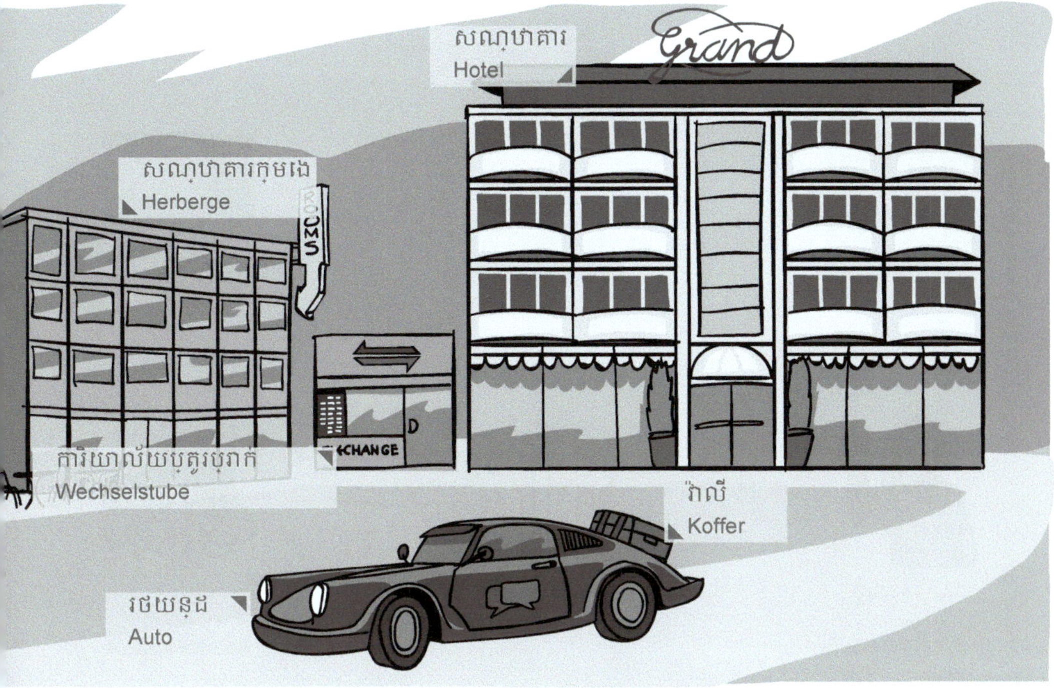
សណ្ឋាគារ
Hotel
Grand
សណ្ឋាគារក្មេង
Herberge
ROOMS
ការិយាល័យប្តូរប្រាក់
Wechselstube
EXCHANGE
វ៉ាលី
Koffer
រថយន្ត
Auto

ភាសា
Sprache

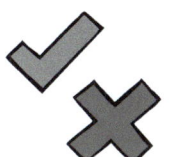

បាទ / ទេ
ja / nein

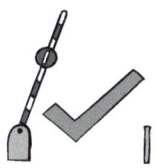

យល់ព្រម
Okay

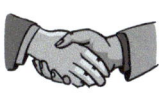

សាយ័ន្តសួស្តី!
Hallo

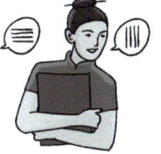

អ្នកបកប្រែ
Übersetzer

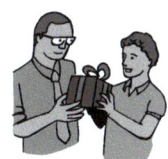

សូមអរគុណ
Danke

ចុលប៉ុន្មាន... ?

Was kostet…?

ខ្ញុំមិនយល់

Ich verstehe nicht

បញ្ហា

Problem

ទិវាសួស្តី!

Guten Abend!

អរុណសួស្តី

Guten Morgen!

រាត្រីសួស្ដី!

Gute Nacht!

លាហើយ

Auf Wiedersehen

ទិសដៅ

Richtung

អីវ៉ាន់

Gepäck

កាបូប

Tasche

កាបូបស្ពាយក្រោយ

Rucksack

ភ្ញៀវ

Gast

បន្ទប់

Zimmer

ថង់ដេក

Schlafsack

តង់

Zelt

ការធ្វើដំណើរ - Reise

ព័ត៌មានទេសចរណ៍
....
Touristeninformation

ឆ្នេរ
....
Strand

កាតឥណទាន
....
Kreditkarte

អាហារពេលព្រឹក
....
Frühstück

អាហារថ្ងៃត្រង់
....
Mittagessen

អាហារពេលល្ងាច
....
Abendessen

សំបុត្រ
....
Fahrkarte

ជណ្តើរយន្ត
....
Fahrstuhl

តែម
....
Briefmarke

ព្រំដែន
....
Grenze

គយ
....
Zoll

ស្ថានទូត
....
Botschaft

ទិដ្ឋាការ
....
Visum

លិខិតឆ្លងដែន
....
Pass

ការដឹកជញ្ជូន

Transport

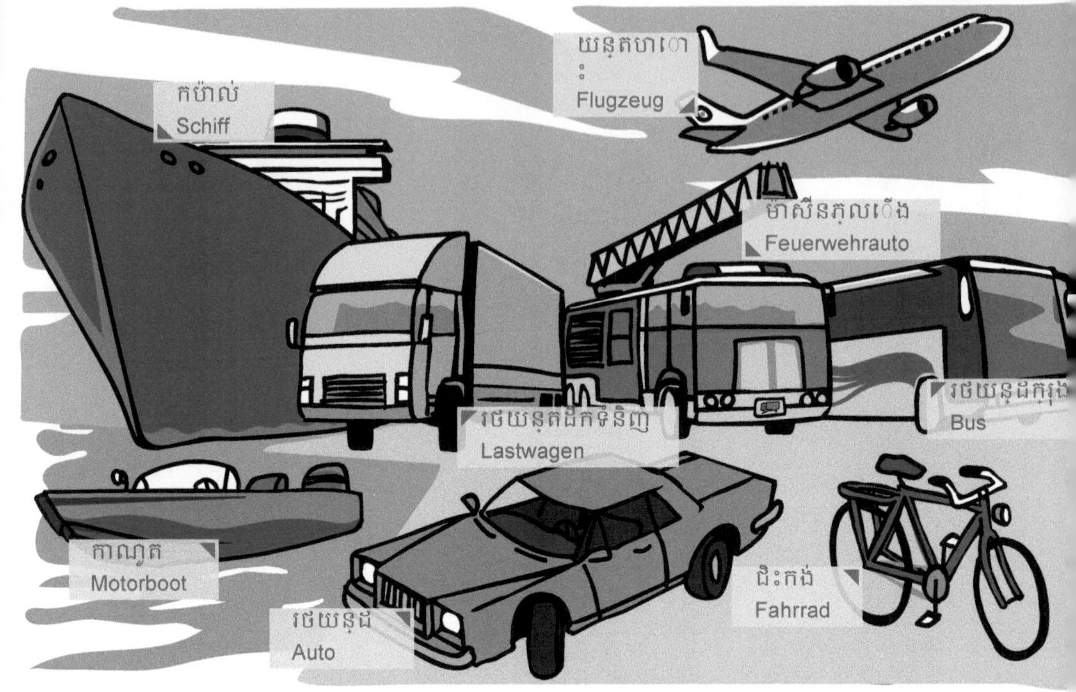

កប៉ាល់
Schiff
យន្តហោះ
Flugzeug
ម៉ាសីនភ្លើង
Feuerwehrauto
រថយន្តដឹកក្រុង
Bus
រថយន្តដឹកទំនិញ
Lastwagen
កាណូត
Motorboot
ជិះកង់
Fahrrad
រថយន្ដ
Auto

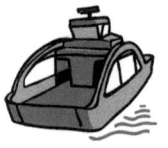

សាឡាង

Fähre

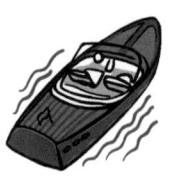

ទូក

Boot

ម៉ូតូ

Motorrad

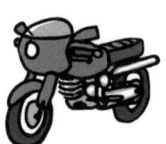

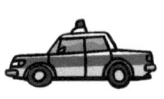

រថយន្តប៉ូលិស

Polizeiauto

រថយន្តប្រណាំង

Rennauto

រថយន្តជួល

Mietwagen

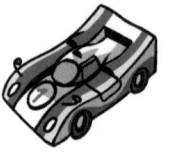

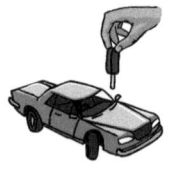

ការចែករំលែករថយន្ត

Carsharing

ឡានសុទូច

Abschleppwagen

ឡានបុរមួលសំរាម

Müllauto

ម៉ូតូ

Motor

បុរេងឥន្ធន:

Kraftstoff

សុថានីយបុរេង

Tankstelle

សូលាកសញ្ញាចរាចរណ៏

Verkehrsschild

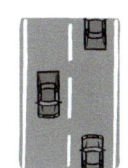

ការធ្វរើចៃចរាចរណ៏

Verkehr

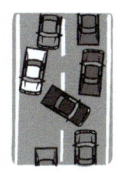

កកសុទៈចរាចរណ៏

Stau

ចំណត

Parkplatz

សុថានីយរថភ្លុលេើង

Bahnhof

ផ្លួរដៃកែ

Schienen

រថភ្លុលេើង

Zug

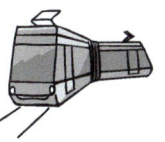

រថអគ្គីសនី

Straßenbahn

ទូរថភ្លុលេើង

Wagon

ឧទុធមុភាគចក្រ

Helikopter

ពុរលោនយនុគហាោះ

Flughafen

ប៉ម

Tower

អ្នកដំណើរ

Passagier

កុងគីន័រ

Container

ករដាសកាតុង

Karton

រទេះ

Karren

កញ្ចប់

Korb

ហាោះឡ្បូេ៊ង / ចុះ

starten / landen

ទីក្រុង

Stadt

ភូមិ

Dorf

កណ្ឡគាលទីក្រុង

Stadtzentrum

ផ្ទះ

Haus

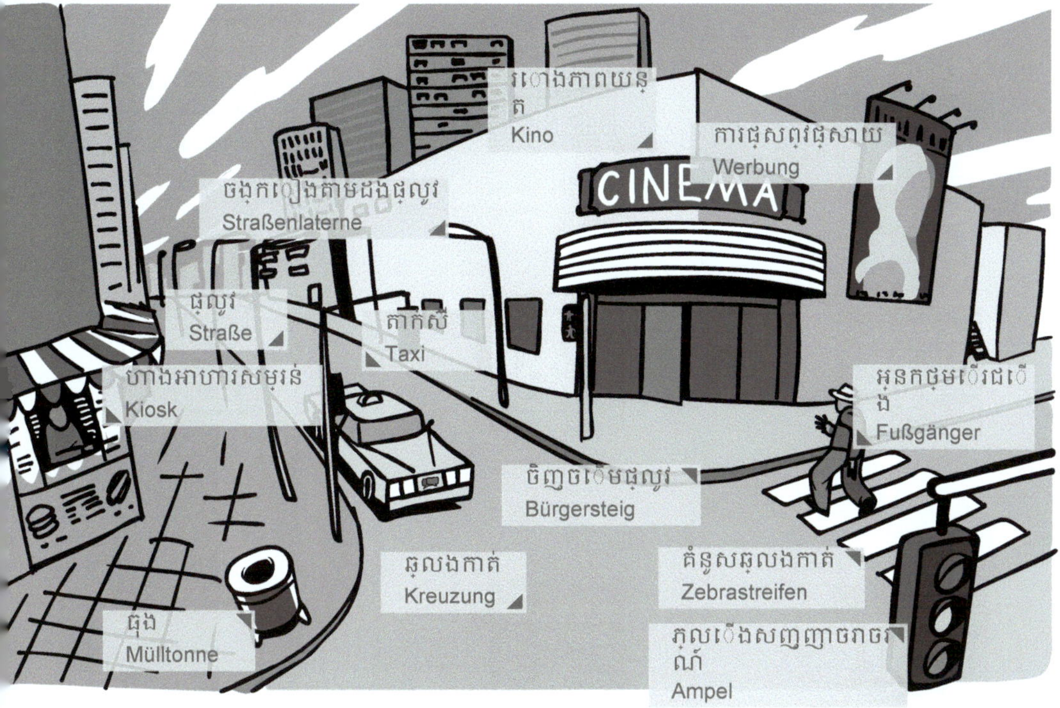

រោងភាពយន្ត
Kino

ការផ្សព្វផ្សាយ
Werbung

ចង្កៀងបំភ្លឺតាមដងផ្លូវ
Straßenlaterne

ផ្លូវ
Straße

តាក់ស៊ី
Taxi

ហាងអាហារសម្រន់
Kiosk

អ្នកថ្មើរជើង
Fußgänger

ចិញ្ចើមផ្លូវ
Bürgersteig

ផ្លូងកាត់
Kreuzung

គំនូសផ្លូងកាត់
Zebrastreifen

ធុង
Mülltonne

ភ្លើងសញ្ញាចរាចរណ៍
Ampel

CINEMA

ខ្ទម

Hütte

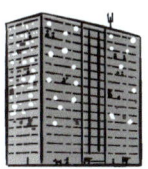

ផ្ទះល្វែង

Wohnung

ស្ថានីយរថភ្លើង

Bahnhof

សាលាក្រុង

Rathaus

សារមន្ទីរ

Museum

សាលារៀន

Schule

សាកលវិទ្យាល័យ

Universität

ធនាគារ

Bank

មន្ទីរពេទ្យ

Krankenhaus

សណ្ឋាគារ

Hotel

ឱសថស្ថាន

Apotheke

ការិយាល័យ

Büro

ហាងលក់សៀវភៅ

Buchhandlung

ហាង

Geschäft

ហាងផ្កា

Blumenladen

ផ្សារទំនើប

Supermarkt

ទីផ្សារ

Markt

ហាងទំនិញ

Kaufhaus

ហាងលក់ត្រី

Fischhändler

មជ្ឈមណ្ឌលផ្សារទំនើប

Einkaufszentrum

កំពង់ផែ

Hafen

ឧទ្យាន

Park

បង្គំ

Bank

ស្ពាន

Brücke

ជណ្ដើរឡើរ

Treppe

ផ្លូវក្រោមដី

U-Bahn

ផ្លូវរូងក្រោមដី

Tunnel

ចំណតរថយន្តក្រុង

Bushaltestelle

បារ

Bar

ភោជនីយដ្ឋាន

Restaurant

ប្រអប់សំបុត្រ

Briefkasten

សញ្ញាតាមដងផ្លូវ

Straßenschild

ឧបករណ៍បូមួលចូលថៃណត

Parkuhr

សួនសត្វ

Zoo

អាងហាលែទឹក

Badeanstalt

វិហារអ៊ីស្លាម

Moschee

កសិដ្ឋាន

Bauernhof

ការបំពុល

Umweltverschmutzung

វាលកប់ខ្មោច

Friedhof

ពុរវិហារ

Kirche

គុររៀងអំិលកុមដែលង

Spielplatz

បុរសាទ

Tempel

ទេសភាព

Landschaft

- សល់ក / Blatt
- សញ្ញាបុរាប់ទិសដៅ / Wegweiser
- ផ្លូវ / Weg
- វាលស្មៅ / Wiese
- ដុំថ្ម / Stein
- អ្នកឡោះ្ងភ្ន៍ / Wanderer
- ដរើមឈ / Baum
- ទន្លេ / Fluss
- ស្មៅ / Gras
- ផ្កា / Blume

ជ្រលងភ្នំ

Tal

កូនភ្នំ

Berg

បឹង

See

ព្រៃឈើ

Wald

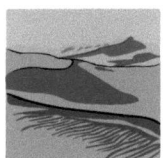

វាលខ្សាច់

Wüste

ភ្នំភ្លើង

Vulkan

គ្រឿងកុប្រើ

Schloss

ឥន្ធនូ

Regenbogen

ផ្សិត

Pilz

ដើមត្នោត

Palme

មូស

Moskito

រុយ

Fliege

ស្រមោច

Ameise

សត្វឃ្មុំ

Biene

ពីងពាង

Spinne

សត្វកញ្ចចៃ

Käfer

កង្កែបបៃ

Frosch

កំប្រុក

Eichhörnchen

សត្វកាំបុរមា

Igel

ទន្សាយសុលឹក

Hase

សត្វទ្វីទុយ

Eule

បក្សី

Vogel

ហង្ស

Schwan

ជ្រូក

Wildschwein

សត្វក្តាន់

Hirsch

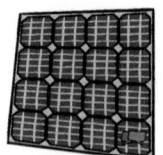

សត្វក្តុជាន់

Elch

ទំនប់

Staudamm

កង្ហារខ្យល់

Windrad

បន្ទះស្វឡ្យា

Solarmodul

អាកាសធាតុ

Klima

អ្នករត់តុ
Kellner

ម៉ឺនុយ
Speisekarte

កៅអី
Stuhl

ស៊ុប
Suppe

ភីហ្សា
Pizza

កម្រាលតុ
Tischdecke

កាំបិត
Besteck

អាហារសម្រន់

Vorspeise

អាហារសំខាន់

Hauptgericht

បង្អែម

Nachspeise

ភេសជ្ជៈ

Getränke

អាហារ

Essen

ដប

Flasche

អាហារហ័ស

Fastfood

អាហារតាមផ្លូវ

Streetfood

ប៉ាន់តែ

Teekanne

ប្ដរអប់ស្ករ

Zuckerdose

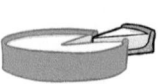

ចំណែក

Portion

ម៉ាស៊ីនតុងកាហ្វេអ៊ិចសុព្វរេស្ស៉ូ

Espressomaschine

កៅអីខ្ពស់

Hochstuhl

វិក្កយបត្រ

Rechnung

ថាស

Tablett

កាំបិត

Messer

សម

Gabel

ស្លាបព្រា

Löffel

ស្លាបព្រាកាហ្វេ

Teelöffel

កន្សែងជូតខ្លួន

Serviette

កែវ

Glas

ចានទាប

Teller

ចានស៊ីប

Suppenteller

ចានទូរនាប់

Untertasse

ទឹកជ្រលក់

Sauce

ដបអំបិល

Salzstreuer

បុរដោប់កិនម្រេច

Pfeffermühle

ទឹកខ្មេះ

Essig

បុរង៉

Öl

គ្រឿងទេស

Gewürze

ទឹកប់ដេប់ពោះ

Ketchup

ម៉្មូតាក

Senf

ទឹកមយ៉ោណា

Mayonnaise

ផ្សារទំនើប

Supermarkt

ការផ្តល់ជូនពិសេស
Angebot
អតិថិជន
Kunde
ទឹកដោះគោ
Milchprodukte
ផ្លែឈើ
Obst
រទេះរុញ
Einkaufswagen
FOR

BUTCHERS

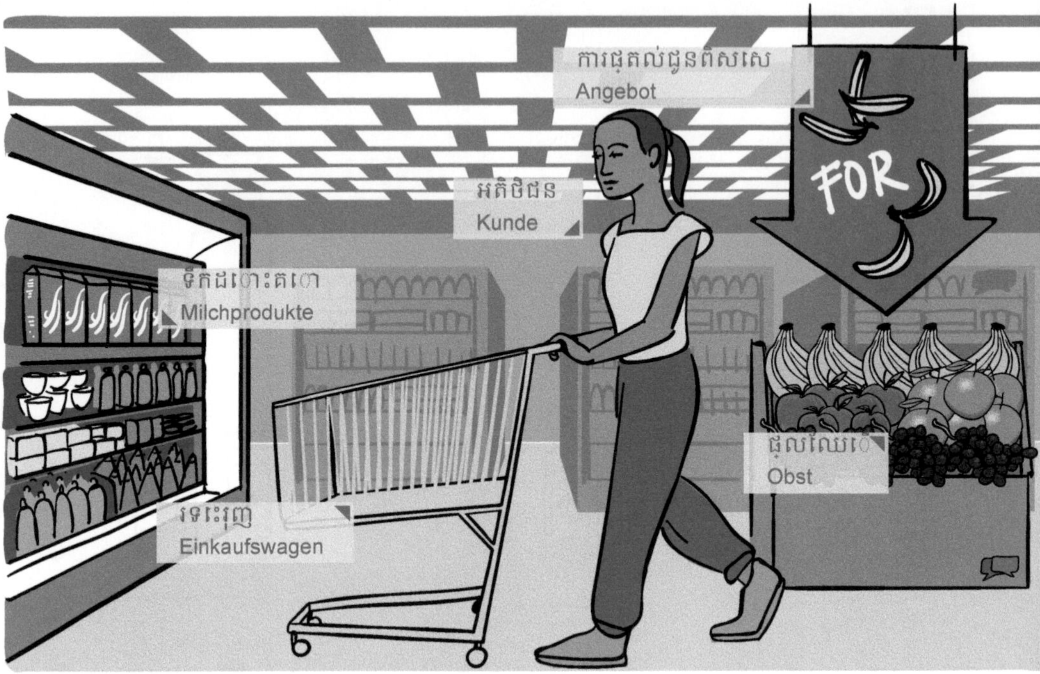

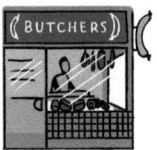

ហាងកាប់ជ្រូក

Schlachterei

BAKERY

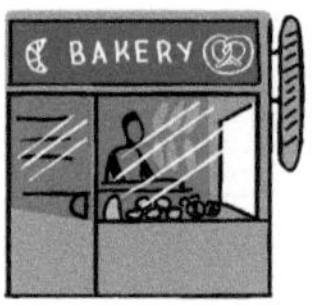

ហាងដុតនំ

Bäckerei

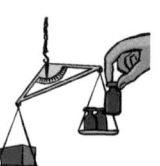

ថ្លឹង

wiegen

បន្លែ

Gemüse

សាច់

Fleisch

អាហារក្លាស្សេ

Tiefkühlkost

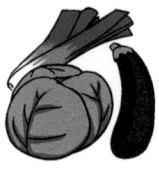

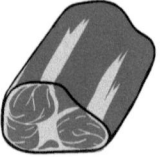

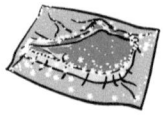

សាច់ក្រឡាសរ

Aufschnitt

អាហារកំប៉ុង

Konserven

មុសពៅឡាង

Waschmittel

សុអរគុរប់

Süßigkeiten

ផលិតផលក្នុងគ្រួសារ

Haushaltsartikel

ផលិតផលសម្អាត

Reinigungsmittel

អ្នកលក់

Verkäuferin

ថតដាក់លុយ

Kasse

បង្ក្រ

Kassierer

បញ្ជីទិញទំនិញ

Einkaufsliste

ម៉ោងធ្វើការ

Öffnungszeiten

កាបូបលុយបុរស

Brieftasche

កាតឥណទាន

Kreditkarte

ថង់

Tasche

ថង់បុលាស្ទិច

Plastiktüte

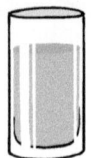

ទឹក

Wasser

ទឹកផ្លែឈើ

Saft

ទឹកដោះគោ

Milch

កូកាកូឡា

Cola

សុរា

Wein

សុរាបៀរ

Bier

គ្រឿងស្រវឹង

Alkohol

កាកាវ

Kakao

តែ

Tee

កាហ្វេ

Kaffee

កាហ្វេអិតស្ព្រេសសូ

Espresso

កាហ្វេកាពូឈីណូ

Cappuccino

ចកេ

Banane

ផ្លែប៉ោម

Apfel

ផ្លែក្រូច

Orange

ឪឡឹក

Melone

ក្រូចឆ្មា

Zitrone

ការ៉ុត

Karotte

ខ្ទឹម

Knoblauch

ឫស្សី

Bambus

ខ្ទឹមបារាំង

Zwiebel

ផ្សិត

Pilz

គ្រាប់ផ្លែឈើ

Nüsse

មី

Nudeln

មីអ៊ីតាល់
....
Spaghetti

ហាយ
....
Reis

សាឡ្ញាត់
....
Salat

ដំឡូងចៀន
....
Pommes frites

ដំឡូងចៀន
....
Bratkartoffeln

ភីហ្សា
....
Pizza

ប៊ឺហ្គឺ
....
Hamburger

សាំងវិច
....
Sandwich

សាច់ជាប់ឆ្អឹងជំនី
....
Schnitzel

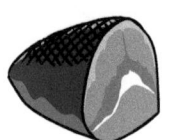

ហាំ
....
Schinken

សាឡ្ញាម៊ី
....
Salami

សាច់ក្រក
....
Wurst

សាច់មាន់
....
Huhn

អាំង
....
Braten

ត្រី
....
Fisch

អាវ៉ែនបបរ

Haferflocken

មុឃ្ញីសុល្ល

Müsli

ដំឡូងចំណិត

Cornflakes

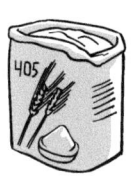

មុសៅៅ

Mehl

នំគ្រួសង់

Croissant

នំប៉ុងមុយ៉ាងមូលគូចៗ

Brötchen

នំប៉ុង

Brot

អាំង

Toast

នំប៊ីស្គី

Kekse

ប៊ឺ

Butter

ទឹកដៈោៈខាប់

Quark

នំខេក

Kuchen

ស៊ុត

Ei

ស៊ុតចៀន

Spiegelei

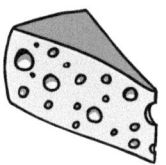

ឈីស

Käse

ការ៉េម

Eiscreme

ស្ករ

Zucker

ទឹកឃ្មុំ

Honig

ជំណាប់

Marmelade

កូរ៉េមតាំងម៉ៃ

Nougat-Creme

ការី

Curry

ផ្ទះទៅក្នុងកសិដ្ឋហាន
Bauernhaus

ជង្រុក
Scheune

ខ្សែចែងចម្បចបើង
Strohballen

កសែបរវី
Feld

សះ
Pferd

រថេសណ្ដុជ
ហេង
Anhänger

កូនសរោ
Fohlen

ត្រាក់ទ័រ
Traktor

សត្វលា
Esel

កូនចរៀម
Lamm

សត្វចរៀម
Schaf

ពពែ
Ziege

គហោញី
Kuh

កូនគហោ
Kalb

ជ្រូក
Schwein

កូនជ្រូក
Ferkel

គហោឈ្មមហោល
Bulle

សត្វក្ងាន

Gans

ទា

Ente

កូនមាន់

Küken

មមោន់

Huhn

មាន់ឈ្មោល

Hahn

កណ្តុរ

Ratte

ឆ្មា

Katze

កណ្តុរប្រមេះ

Maus

គោឈ្មោល

Ochse

ឆ្កែ

Hund

ផ្ទះឆ្កែ

Hundehütte

ទុយោទឹក

Gartenschlauch

ធុងស្រោចទឹក

Gießkanne

ខូរវៃបេក

Sense

នង្គ័ល

Pflug

កណ្តាងច្យៀវ
Sichel

ចបកាប់
Hacke

នោស់
Mistgabel

ពូចទៅ
Axt

រទេះរុញ
Schubkarre

ស្នូក
Trog

កំប៉ុងទឹកដោះគោ
Milchkanne

ហារ
Sack

របង
Zaun

ក្តុរពោល
Stall

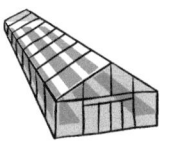

ផ្ទះកញ្ចក់
Treibhaus

ដី
Boden

គុរប់ពូជ
Saat

ជី
Dünger

ម៉ាស៊ីនច្រូមួលផល
Mähdrescher

ប្ររមួលផល

ernten

ការប្ររមួលផល

Ernte

ដំឡូងជួរ

Yamswurzel

ស្រូវសាលី

Weizen

សណ្ដែកកែសៀ្រៀង

Soja

ដំឡូងជួរ

Kartoffel

ពោត

Mais

គ្រាប់ប្ររងៃ្បៃ

Raps

ដរើមឈរើហ្ហ្បផ្លលៃ

Obstbaum

ដំឡូងមី

Maniok

ធញ្ញជាតិ

Getreide

ផ្ទះ
Haus

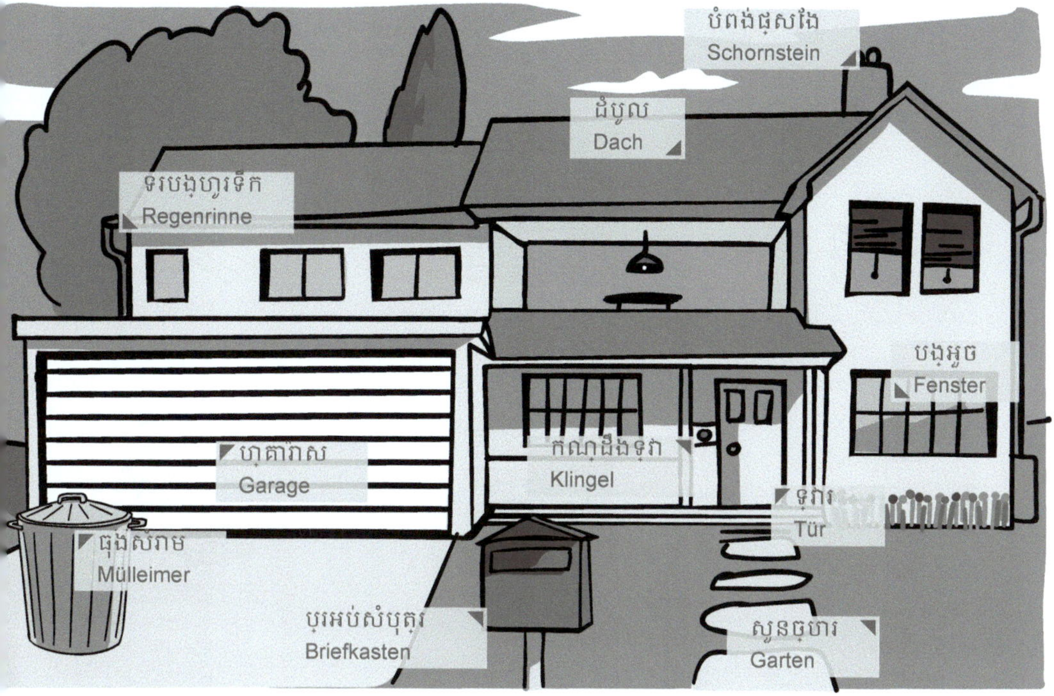

បំពង់ផ្សែង
Schornstein
ដំបូល
Dach
ទរបង្ហូរទឹក
Regenrinne
បង្អួច
Fenster
ហ្គារ៉ាស
Garage
កណ្ដឹងទ្វារ
Klingel
ទ្វារ
Tür
ធុងសំរាម
Mülleimer
ប្រអប់សំបុត្រ
Briefkasten
សួនច្បារ
Garten

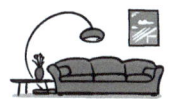

បន្ទប់ទទួលភ្ញៀវ

Wohnzimmer

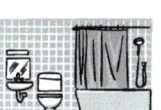

បន្ទប់ទឹក

Badezimmer

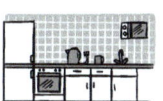

ផ្ទះបាយ

Küche

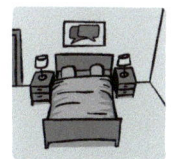

បន្ទប់គេង

Schlafzimmer

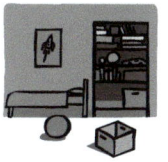

បន្ទប់របស់កុមារ

Kinderzimmer

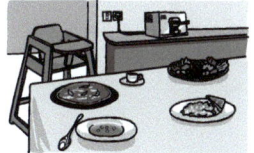

បន្ទប់ទទួលទានអាហារ

Esszimmer

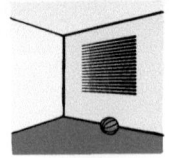

ជាន់
Boden

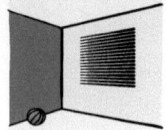

ជញ្ជាំង
Wand

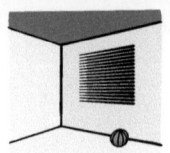

ពិដាន
Decke

បន្ទប់ក្រោមដី
Keller

សូណា
Sauna

យ៉ែរ
Balkon

ផ្ទៃរាបស្មើឡើងទៅជមុាល
កន្លំ
Terrasse

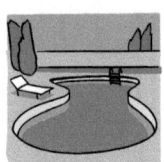

អាងហាលែទឹក
Schwimmbad

ម៉ាស៊ីនកាត់ស្មៅទៅ
Rasenmäher

សន្លឹក
Bettbezug

កម្រាលគ្របៃដៃកេ
Bettdecke

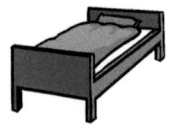

គ្រែ
Bett

អំបោស
Besen

ធុង
Eimer

កុងតាក់
Schalter

បន្ទប់ទទួលភ្ញៀវ

Wohnzimmer

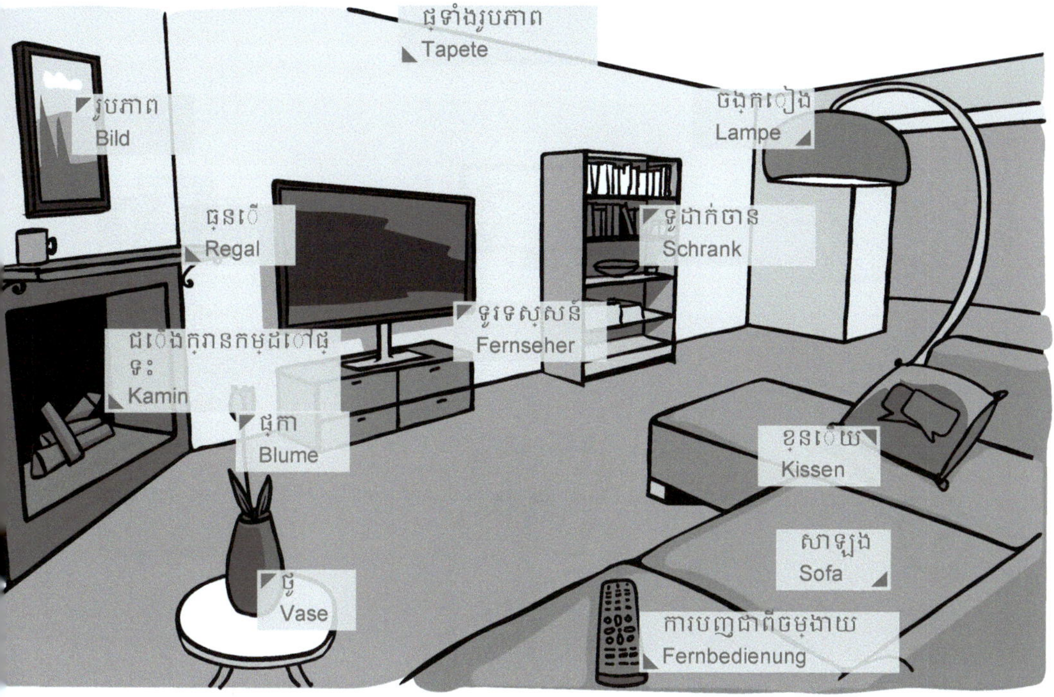
ផ្ទាំងរូបភាព
Tapete
រូបភាព
Bild
ចង្កៀង
Lampe
ធ្នើរ
Regal
ទូដាក់ចាន
Schrank
ទូរទស្សន៍
Fernseher
ជើងក្រានកម្ដៅផ្ទះ
Kamin
ផ្កា
Blume
ខ្នើយ
Kissen
សាឡុង
Sofa
ថូ
Vase
ការបញ្ជាពីចម្ងាយ
Fernbedienung

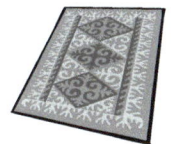

កម្រាលព្រំ

Teppich

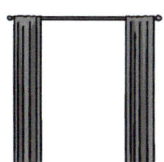

វាំងនន

Vorhang

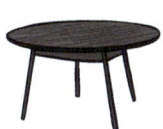

តុ

Tisch

កៅអី

Stuhl

កៅអីប៉ាក់ប៉ើក

Schaukelstuhl

កៅអីភ្នាក់ដៃ

Sessel

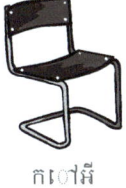

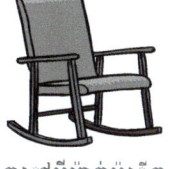

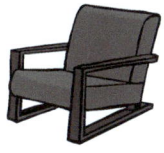

សៀវភៅ
Buch

ភួយ
Decke

ការតុបតែង
Dekoration

អុសដុត
Feuerholz

ខុសវិភាពយន្ត
Film

ឧបករណ៍ Hi-Fi
Stereoanlage

កូនសោ
Schlüssel

កាសែត
Zeitung

គំនូរ
Gemälde

ផ្ទាំងរូបភាព
Poster

វិទ្យុ
Radio

ណូតផតគេ
Notizblock

ម៉ាស៊ីនបូមធូលី
Staubsauger

ដំបងឈយកុស
Kaktus

ទៀន
Kerze

ទូទឹកកក
Kühlschrank

ចង្ក្រានមីក្រូវែវ
Mikrowelle

ជញ្ជីងផ្ទះបាយ
Küchenwaage

បុរដាប់អាំងនំប៉័ង
Toaster

សាប៊ូបោកទោកខោអាវ
Reinigungsmittel

ចង្ក្រានអប
Backofen

ម៉ាស៊ីនផ្ទុកទឹកកក
Gefrierfach

ធុងសំរាម
Mülleimer

ម៉ាស៊ីនលាងចាន
Geschirrspüler

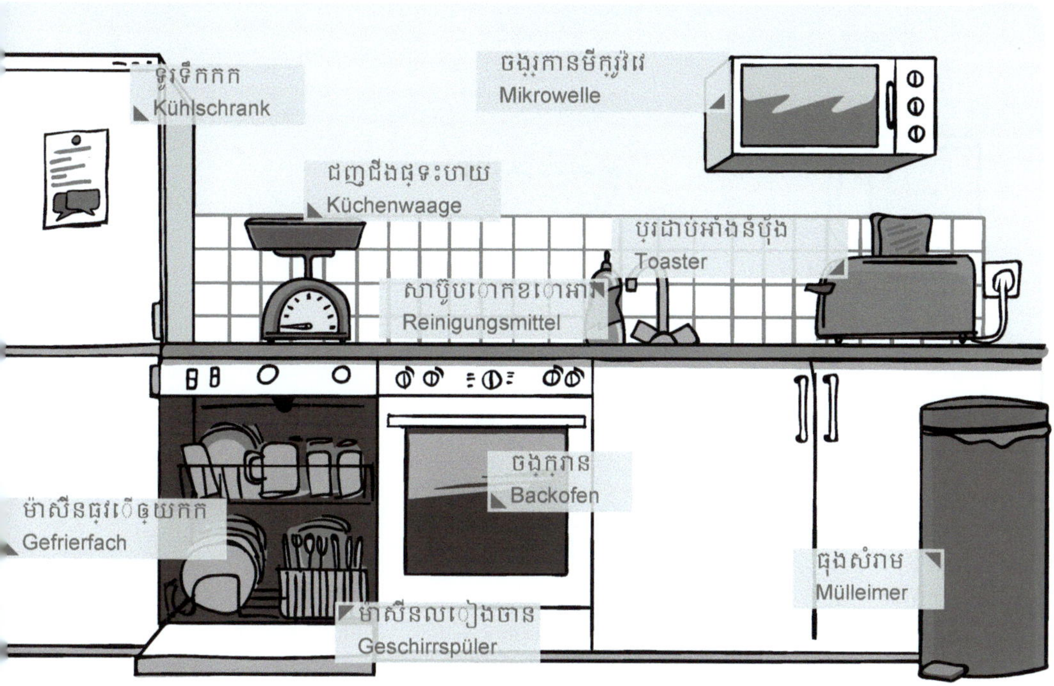

ចង្ក្រាន
....
Herd

ឆ្នាំង
....
Topf

ឆ្នាំងដែក
....
Eisentopf

ខ្ទះ / ខ្ទះពណ្ណនា
....
Wok / Kadai

ខ្ទះ
....
Pfanne

កំសៀរ
....
Wasserkocher

ធុននាំងចំហុយ
Dampfgarer

ថាសដុតនំ
Backblech

គ្រឿងចានឆ្នាំងជី
Geschirr

ថ្ង
Becher

ចានតូចមម
Schale

ចង្កឹះ
Essstäbchen

វែកសមុល
Suppenkelle

វែកគូរ
Pfannenwender

ប្រដាប់វាយក្រឡុក
Schneebesen

តម្រង
Kochsieb

កន្ទ្រង
Sieb

ប្រដាប់កោសដុង
Reibe

គ្រុបាល់
Mörser

ការអាំងសាច់
Grill

ចង្ក្រានចំហ
Feuerstelle

ជុរញ្ញ

Schneidebrett

បុរដាប់កិនម្សៅ

Nudelholz

បុរដាប់ម្សៅបើកឆ្នុកឆុក

Korkenzieher

កំប៉ុង

Dose

បុរដាប់បើកកំប៉ុង

Dosenöffner

កុរណាត់ទុរប់ឆ្នាំង

Topflappen

កនុលដែលាងចាន

Waschbecken

ជក់

Bürste

អប៉ុង

Schwamm

ម៉ាសីុនកុរឡេក

Mixer

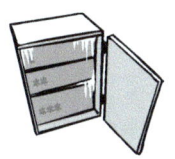

ទូរទឹកកកខុនាតតូច

Gefriertruhe

ដបទឹកដពោះគពោ

Babyflasche

រ៉ូបីណារ

Wasserhahn

Badezimmer

ផ្កាឈូក
Dusche

កម្ដៅផ្ទះ
Heizung

កន្សែង
Handtuch

រាំងននងុតទឹកផ្កាឈូក
Duschvorhang

ការងូតទឹកពពុះ
Schaumbad

អាងងូតទឹក
Badewanne

កែវ
Glas

ម៉ាស៊ីនបោកគក់
Waschmaschine

គូរឡ្បោក្របឿង
Fliesen

រ៉ូប៊ីណេ
Wasserhahn

ចានបង្គន់
Töpfchen

កន្សែងលាងចាន
Waschbecken

បង្គន់

Toilette

បង្គន់អង្គុយ

Hocktoilette

ផរ្ទេីងជម្រះកាយ

Bidet

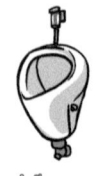

កុលាំទឹកនបោម

Pissoir

កូរដាសបង្គន់

Toilettenpapier

ច្រាសដុសបង្គន់ន

Toilettenbürste

ច្រាសដុសធ្មេញ

Zahnbürste

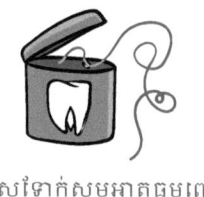

ថ្នាំដុសធ្មេញ

Zahnpasta

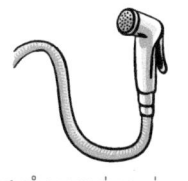

ខ្សែទាក់សម្អាតធ្មេញ

Zahnseide

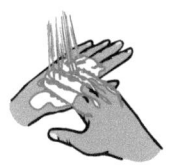

លាង

waschen

បុរដោត់ដាក់ដៃផ្កាឈូក

Handbrause

ទឹកថ្នាំសម្អាប់ហាញលាង

Intimdusche

អាង

Waschschüssel

ច្រាសដុសខ្នង

Rückenbürste

សាប៊ូ

Seife

លសម្អាប់ខ្លួតទឹកផ្កាឈូក
ក

Duschgel

សាប៊ូ

Shampoo

សក្លាត

Waschlappen

បំពង់បង្ហូរទឹក

Abfluss

ក្រែម

Creme

ថ្នាំបំហាត់ក្លិនអាក្រក់

Deodorant

កញ្ចក់

Spiegel

កញ្ចក់ដៃ

Kosmetikspiegel

ប្រដាប់កោរ

Rasierer

ហ្វូមកោរពុកមាត់

Rasierschaum

ទឹកលាងក្រោយកោរពុកមាត់ពុកចង

Rasierwasser

ក្រាស

Kamm

ជក់

Bürste

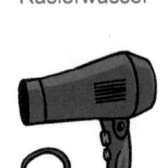

ប្រដាប់សម្ងួតសក់

Föhn

សួពាយបាញ់សក់

Haarspray

ការតុបតែងមុខ

Makeup

ក្រមែលាបមាត់

Lippenstift

ថ្នាំលាបក្រចក

Nagellack

រោមកប្បាស

Watte

កន្ត្រៃកាត់ក្រចក

Nagelschere

ទឹកអប់

Parfum

កាបូបបរិខោកគគ់

Kulturbeutel

លាមក

Hocker

ជញ្ជីងចុលឹងទម្ងន់

Waage

អាវពាក់ងូតទឹក

Bademantel

ស្រោមដៃកៅស៊ូ

Gummihandschuhe

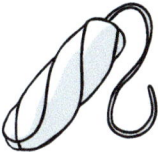

ឆ្នុក

Tampon

កន្សែងអនាម័យ

Damenbinde

បង្គន់គីមី

Chemietoilette

បន្ទប់របស់កុមារ

Kinderzimmer

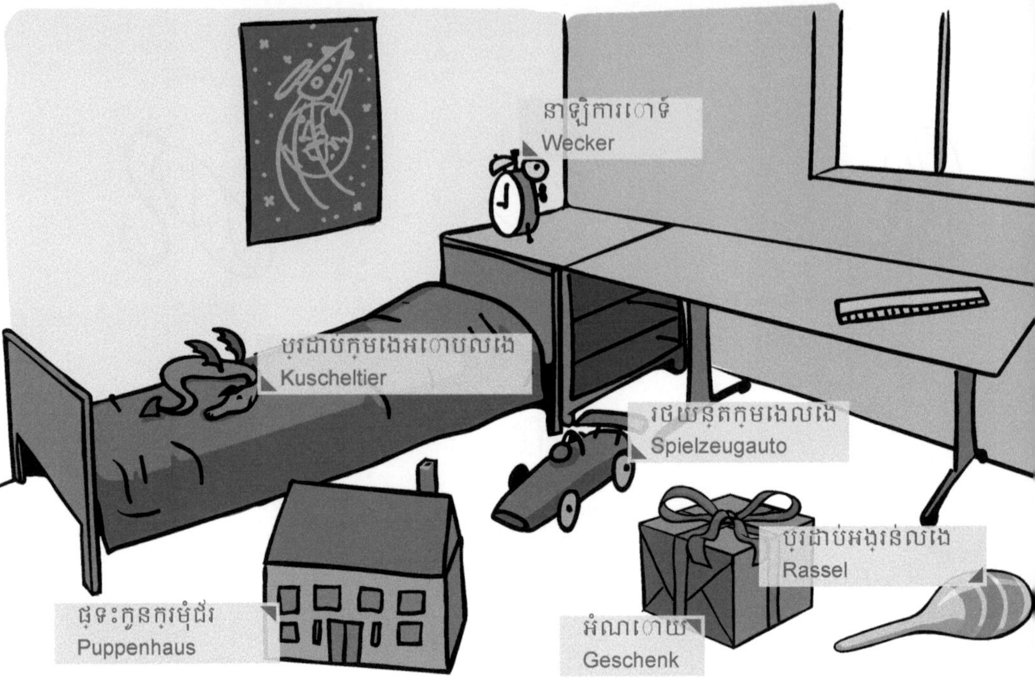

នាឡិការោទ៍
Wecker
ប្រដាប់ក្មេងអោបលេង
Kuscheltier
រថយន្តក្មេងលេង
Spielzeugauto
ប្រដាប់អង្រន់លេង
Rassel
ផ្ទះកូនក្រមុំជ័រ
Puppenhaus
អំណោយ
Geschenk

ប៉េងប៉ោង

Ballon

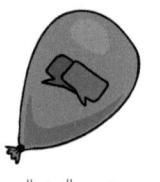

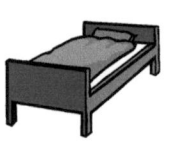

គ្រែ

Bett

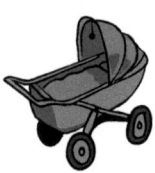

រទេះរុញទារក

Kinderwagen

ហ្វៀបៀ

Kartenspiel

រូបផ្គុំ

Puzzle

SUPER
MEGA

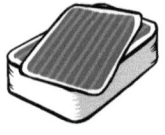

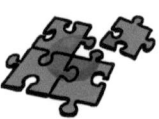

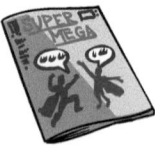

កំប្លែង

Comic

ឥដ្ឋប Lego

Legosteine

បុលុកឬរដាប់កុមដោលដេ

Bausteine

គូលខេសកម្មភាព

Action Figur

ខហោអាវទារក

Strampelanzug

ការគប់ចាស

Frisbee

ទូរស័ព្ទដៃ

Mobile

ក្តារលេ្បងដេ

Brettspiel

គុរាប់ឡ្បកឡ្បាក់

Würfel

ឈុតរថភ្លសេ៊ងគំរ

Modelleisenbahn

រូបសំណាក

Schnuller

គណបកុស

Party

សរៀៃភិពៅៃបភាព

Bilderbuch

ហាល់

Ball

កូនកូរម៉ុគុក្ដកតា

Puppe

លដេ

spielen

រណ្តៅទៅខ្សាច់

Sandkasten

ទទេង

Schaukel

បរិជាប់កុមរងលេង

Spielzeug

កុងស៊ូលវីដេអូហ្គតមេ

Spielkonsole

គ្រីចក្ររយានយន្ត

Dreirad

តុក្កតាខូលាយួមុំ

Teddy

ទូខោអាវ

Kleiderschrank

សម្ភារលៀកបំពាក់

Kleidung

ស្រោមជើង

Socken

ស្រោមជើងវែង

Strümpfe

ខោទ្រនាប់នារី

Strumpfhose

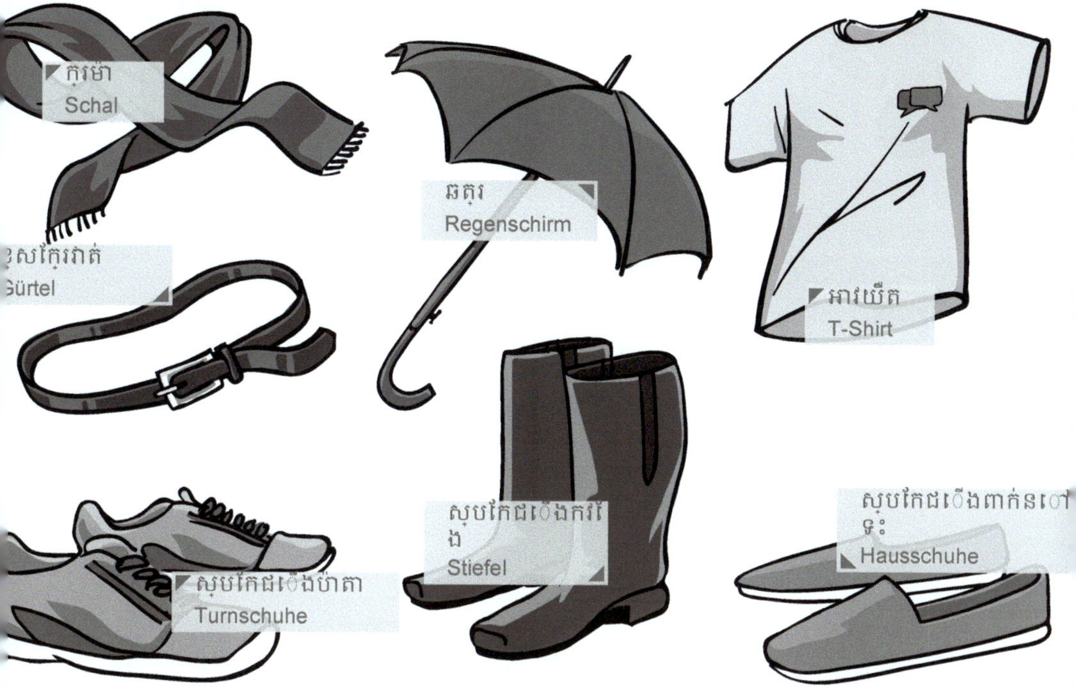

កូម៉ា
Schal

ឆត្រ
Regenschirm

អាវយឺត
T-Shirt

ខ្សែក្រវាត់
Gürtel

សុបកែជវេីងហ្វាតា
Turnschuhe

សុបកែជវេីងករវេីង
Stiefel

សុបកែជវេីងពាក់នៅ
ផ្ទះ
Hausschuhe

សុបកែជវេីងសង្ករកែ

Sandalen

សុបកែជវេីង

Schuhe

សុបកែជវេីងករវែកទៅស្ទី

Gummistiefel

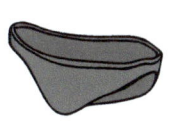

ខពោទុរនាប់បុរស

Unterhose

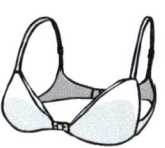

អាវទុរនាប់

Büstenhalter

អាវកាក់

Unterhemd

រាងកាយ
Body

ខោទេរវែង
Hose

ខោទាខូវបិយ
Jeans

សំពត់
Rock

អាវកុររៅ
Bluse

អាវ
Hemd

អាវយឹត
Pullover

អាវយឺត
Kapuzenpullover

អាវធំ
Blazer

អាវកុររៅ
Jacke

អាវធំ
Mantel

អាវភ្លៀររៀង
Regenmantel

គុររៀងតវែង
Kostüm

អាវរវែង
Kleid

សំលរៀកបំពាក់អាពាហ៍ពិពាហ៍
Hochzeitskleid

សមុលរៀកបំពាក់ - Kleidung

ខោអាវឈុត

Anzug

រ៉ូបរាត្រី

Nachthemd

ឈុតគេង

Schlafanzug

សារី

Sari

កន្សែងជួតក្បាល

Kopftuch

ផ្នូត

Turban

សុបម៉េខ

Burka

kaftan

Kaftan

abaya

Abaya

ឈុតហាលែទឹក

Badeanzug

ខោទេឃ្លី

Badehose

ខោទេឃ្លី

Kurze Hose

ឈុតហាត់កីឡា

Trainingsanzug

អាវអេ៉្រម

Schürze

ស្រវេាមដៃ

Handschuhe

ឡូរអាវ

Knopf

វ៉ែនតា

Brille

ខ្សែដៃ

Armband

ខ្សែក

Halskette

ចិញ្ចៀន

Ring

កុរវិល

Ohrring

មួក

Mütze

បរដាប់ពួយអាវកុររៅ

Kleiderbügel

មួក

Hut

កុរវាត់ក

Krawatte

រូត

Reißverschluss

មួកសុវត្ថិភាព

Helm

ខ្សែវ

Hosenträger

ឯកសណ្ឋានសាលា

Schuluniform

ឯកសណ្ឋាន

Uniform

អៀ្រមទារក

Lätzchen

រូបសំណាក

Schnuller

ខ្ទេីទីកនេហាម

Windel

ម៉ាស៊ីនម្យ
Server

ទូងកសារ
Aktenschrank

ម៉ាស៊ីនបេ្ចាះពុម្ព
Drucker

ម៉ូនីទ័រ
Monitor

កុរដាស
Papier

តុការិយាល័យ
Schreibtisch

កណ្ដុរ
Maus

ស៊ីម៉ី
Ordner

កុការចុច
Tastatur

កន្ត្រកដាក់សំរាមកុរដាស
Papierkorb

កុំព្យូទ័រ
Computer

កពេអ៌
Stuhl

កវែកាហ្វេ
Kaffeebecher

ម៉ាស៊ីនគិតលេខ
Taschenrechner

អ៊ីនធឺណិត
Internet

កុំព្យូទ័រយួរដៃ

Laptop

លិខិត

Brief

សារ

Nachricht

ទូរស័ព្ទដៃ

Handy

បណ្ដាញ

Netzwerk

ម៉ាស៊ីនថតចម្លង

Kopierer

សូហ្វវែរ

Software

ទូរស័ព្ទ

Telefon

រន្ធដោតភ្លើង

Steckdose

ម៉ាស៊ីនទូរសារ

Fax

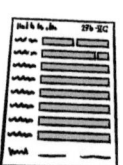

ទម្រង់បែបបទ

Formular

ឯកសារ

Dokument

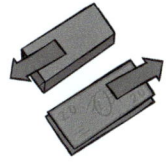

ទិញ

kaufen

បង់ប្រាក់

bezahlen

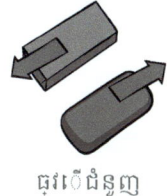

ធ្វើពេជំនួញ

handeln

លុយ

Geld

ប្រាក់ដុល្លារ

Dollar

ប្រាក់អឺរ៉ូ

Euro

ប្រាក់យ៉េន

Yen

ប្រាក់រ៉ូបិល

Rubel

ហ្វ្រង់ស្វ៊ីស

Franken

ប្រាក់យ័ន

Renminbi Yuan

ប្រាក់រូពី

Rupie

កន្លែងប្រវេសាច់ប្រាក់

Geldautomat

ការិយាល័យប្តូរប្រាក់

Wechselstube

មាស

Gold

ប្រាក់

Silber

ប្រេង

Öl

ថាមពល

Energie

តម្លៃ

Preis

កិច្ចសន្យា

Vertrag

ពន្ធ

Steuer

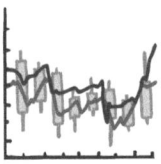

ភាគហ៊ុន

Aktie

ធ្វើការ

arbeiten

បុគ្គលិក

Angestellter

និយោជក

Arbeitgeber

រោងចក្រ

Fabrik

ហាង

Geschäft

មនុស្សរ៉ូប៉ូលិស
Polizist

អ្នកពន្លត់អគ្គិភ័យ
Feuerwehrmann

ធ្វើម្ហូប
Koch

វេជ្ជបណ្ឌិត
Arzt

អ្នកបើកយន្តហោះ
Pilot

អ្នកថែស្វែន

Gärtner

ជាងឈើ

Tischler

ជាងកាត់ដេរ

Näherin

ចៅក្រម

Richter

គីមីវិទូ

Chemiker

តួកុន

Schauspieler

អ្នកបេីកឡានក្រុង

Busfahrer

អ្នកបេីកតាក់សី៊

Taxifahrer

អ្នកនសោទ

Fischer

ស្ត្រីអ្នកសម្អាត

Putzfrau

ជាងដំបូល

Dachdecker

អ្នករត់តុ

Kellner

អ្នកបរហាញ់សត្វ

Jäger

វិចិត្រករ

Maler

អ្នកដុតនំ

Bäcker

ជាងអគ្គីសនី

Elektriker

ជាងសំណង់

Bauarbeiter

វិស្វករ

Ingenieur

អ្នកកាប់សាច់

Schlachter

ជាងជួសជុលទុយោហៅទឹក

Klempner

អ្នករត់សំបុត្រ

Postbote

ទាហាន

Soldat

ស្ថាបត្យករ

Architekt

បង្ប្រ្រ

Kassierer

អ្នកលក់ផ្កា

Florist

អ្នកអ៊ិតសក់

Friseur

អ្នកយកលុយ

Schaffner

ជាងម៉ាស៊ីន

Mechaniker

កាពីទែន

Kapitän

ពទ្យេយធ្មេញ

Zahnarzt

អ្នកវិទ្យាសាស្ត្រ

Wissenschaftler

គ្រូបង្រៀនច្បាប់សញ្ជាតិ
ជ៌ីហ្វ៊

Rabbi

លោកសង្ឃយចាម

Imam

ព្រះសង្ឃយ

Mönch

 បព្វជិត

Geistlicher

ឧបករណ៍

Werkzeuge

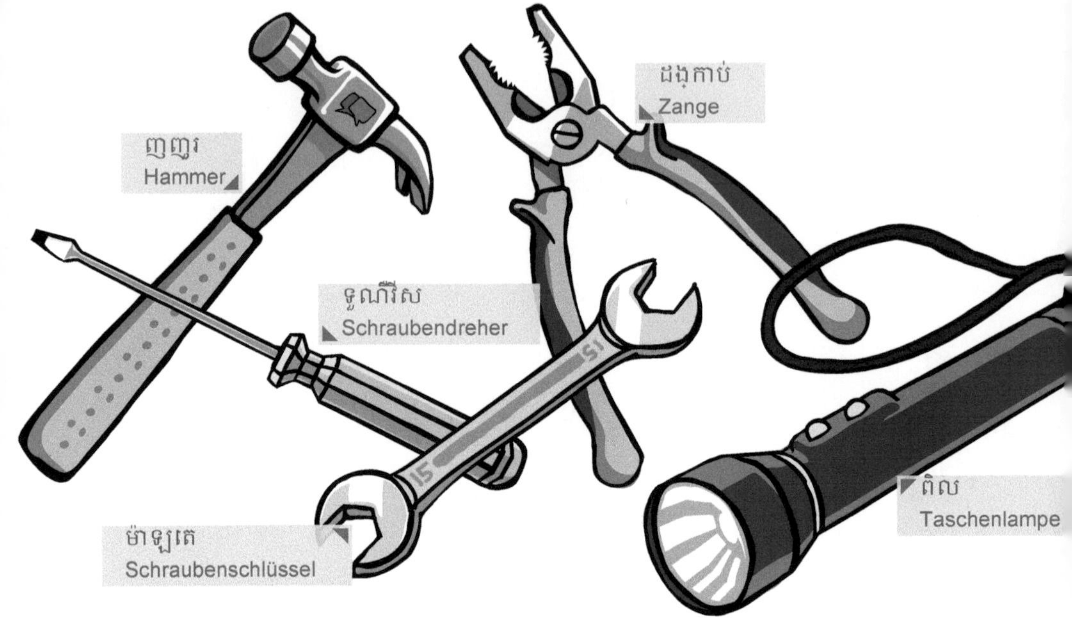
ញញួរ
Hammer
ដង្កាប់
Zange
ទួណឺវីស
Schraubendreher
ម៉ាឡេត
Schraubenschlüssel
ពិល
Taschenlampe

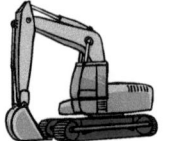

ម៉ាស៊ីនជីក

Bagger

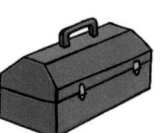

ប្រអប់ឧបករណ៍

Werkzeugkasten

ជណ្តើរ

Leiter

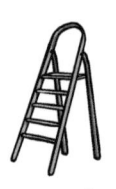

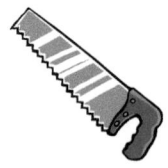

រណារ

Säge

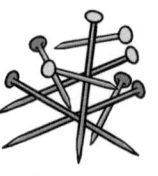

ដែកគោល

Nägel

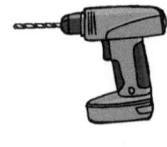

ប្រដាប់ស្វាន

Bohrer

ជួសជុល

reparieren

ប៉ែល

Schaufel

ចង្រៃ!

Mist!

បុរដោបចូកធូលី

Kehrblech

ធុងថ្នាំពណ៌

Farbtopf

វីស

Schrauben

ឧបករណ៍តន្ត្រី
Musikinstrumente

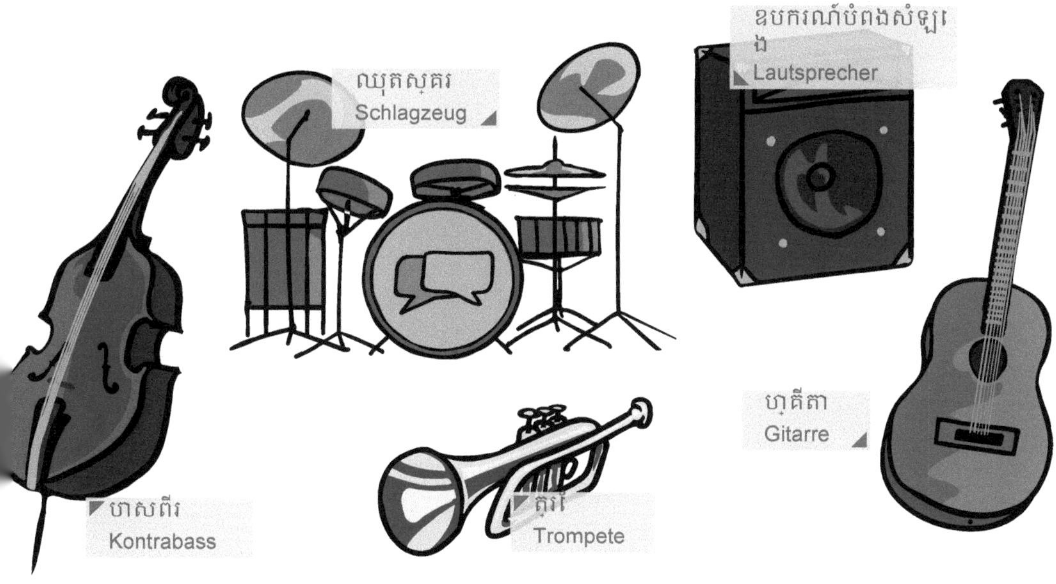

ឈុតស្គរ
Schlagzeug

ឧបករណ៍បំពងសំឡេង
Lautsprecher

ហ្គីតា
Gitarre

បាសពីរ
Kontrabass

គ្រែ
Trompete

ពយោណូ

Klavier

វីយូឡ្យុង

Violine

ហាស

Bass

ស៊ុតរពោសស៊ុបកែមុយ៉ាង

Pauke

ស៊ុតរ

Trommeln

យ៉ឺបត

Keyboard

សាក់ស្វហ្វូន

Saxophon

ខ្លុយ

Flöte

មីក្រូហ្វូន

Mikrofon

ឧបករណ៍តន្ត្រី - Musikinstrumente

សួនសត្វ
Zoo

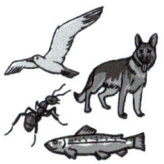

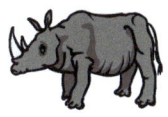

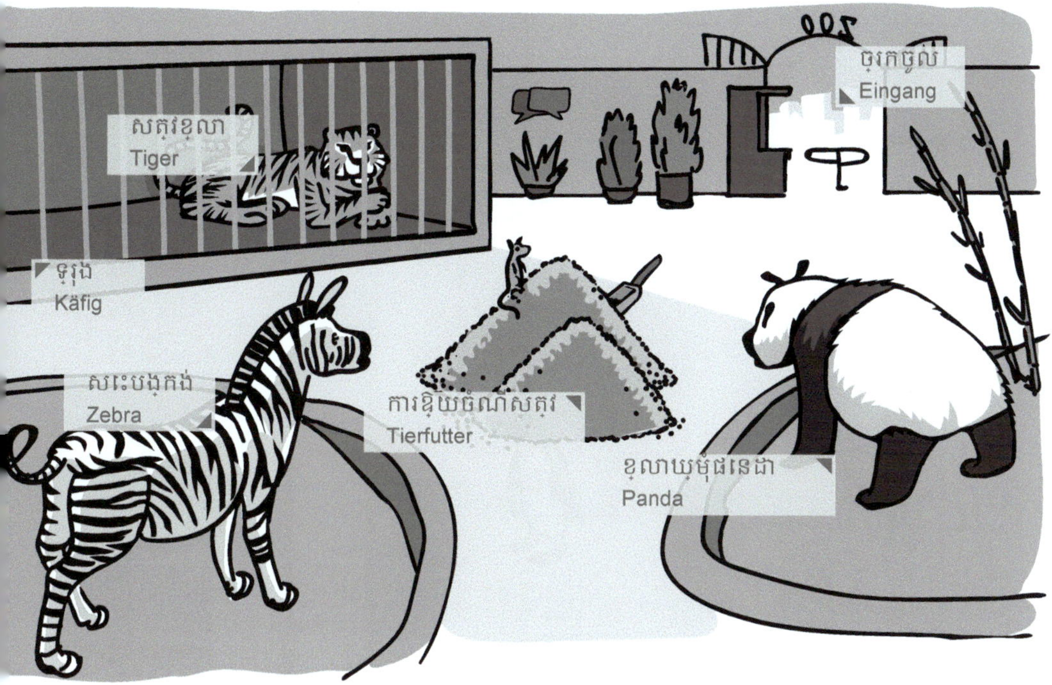
zoo
ច្រកចូល
Eingang
សត្វខ្លា
Tiger
ទ្រុង
Käfig
សេះបង្កង់
Zebra
ការឱ្យចំណីសត្វ
Tierfutter
ខ្លាឃ្មុំផេនដា
Panda

សត្វ
Tiere

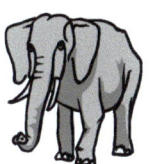

សត្វដំរី
Elefant

សត្វកង់ហ្គារូ
Känguru

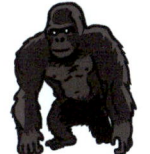

សត្វរមាស
Nashorn

សត្វស្វាហ្គ័រីឡា
Gorilla

ខ្លាឃ្មុំពណ៌ត្នោត
Bär

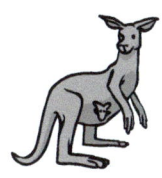

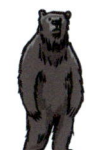

សត្វអូដ្ឋ

Kamel

សត្វអូទ្រីស

Strauß

សត្វតោ

Löwe

ស្វា

Affe

សត្វករ្យៀល

Flamingo

សកែ

Papagei

ខ្លាឃ្មុំតំបន់ប៉ូល

Eisbär

ផេនហ្គ្វីន

Pinguin

ត្រីឆ្លាម

Hai

ក្ងោក

Pfau

សត្វពស់

Schlange

ក្រពើ

Krokodil

អ្នករក្សាសួនសត្វ

Zoowärter

ឆ្មាទឹក

Robbe

ខ្លារខិនមុយ៉ាង

Jaguar

ក្មនសះ

Pony

ខ្លារខិន

Leopard

សត្វដីរទឹក

Nilpferd

សត្វករវៃ

Giraffe

ពន្មួរ

Adler

ជ្រូក

Wildschwein

ត្រី

Fisch

អណ្ដើក

Schildkröte

លទោមមចូា

Walross

កញ្ជ្រោង

Fuchs

ក្ដាន់

Gazelle

កីឡាហាល់ទាត់អាមេរិក
American Football

ការបុរណរាំងកង់
Radfahren

កីឡាថេនីស
Tennis

កីឡាហាល់បះោះ
Basketball

កីឡាហាលែទឹក
Schwimmen

កីឡាវាយកូនហាល់លើ
ទឹកកក
Eishockey

កីឡាបុរដាល
Boxen

កីឡាហាល់ទាត់
Fußball

កីឡាវាយសី
Badminton

អត្តពលកម្ម
Leichtathletik

កីឡាហាល់កាន់
Handball

ការជិះស្គី
Skilaufen

ប៉ូឡូ
Polo

សរសេរ
schreiben

គូរ
zeichnen

បង្ហាញ
zeigen

រុញ
drücken

ធ្វើ
geben

យក
nehmen

មាន

haben

ធ្វើរ៉ើ

tun

គឺ

sein

ឈរ

stehen

រត់

laufen

ទាញ

ziehen

បោះ

werfen

ធ្លាក់

fallen

កុហក

liegen

រង់ចាំ

warten

យួរ

tragen

អង្គុយ

sitzen

សួលៀកពាក់

anziehen

ដេក

schlafen

ភ្ញាក់ឡើង

aufwachen

មើឡ

ansehen

យំ

weinen

គូសវាស

streicheln

សិតសក់

kämmen

និយាយ

reden

យល់

verstehen

សួរ

fragen

ស្ដាប់

hören

ផឹក

trinken

បរិភោគ

essen

សម្អាត

aufräumen

ស្រលាញ់

lieben

ចម្អិន

kochen

បើកបរ

fahren

ហោះ

fliegen

ចិកទូក

segeln

គណនា

rechnen

អាន

lesen

រៀន

lernen

ធ្វើការ

arbeiten

រៀបការ

heiraten

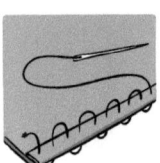

ដេរ

nähen

ដុសធ្មេញ

Zähne putzen

សម្លាប់

töten

ជក់

rauchen

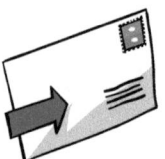

ផ្ញើ

senden

ក្រុមគ្រួសារ

Familie

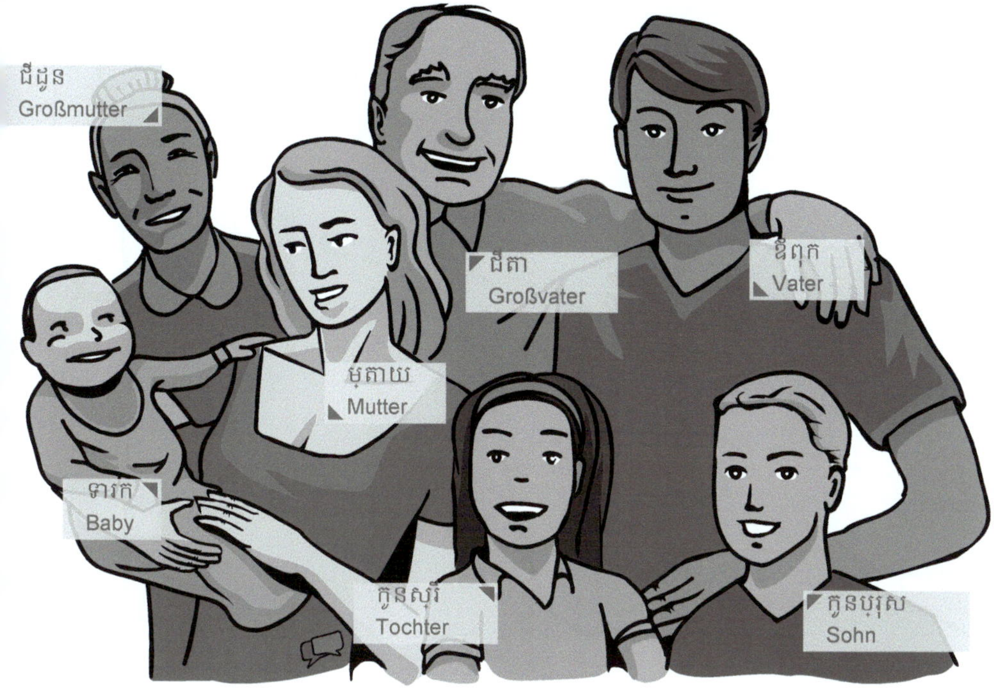

ជីដូន
Großmutter
ជីតា
Großvater
ឪពុក
Vater
ម្តាយ
Mutter
ទារក
Baby
កូនស្រី
Tochter
កូនប្រុស
Sohn

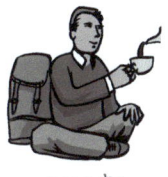

ភ្ញៀវ

Gast

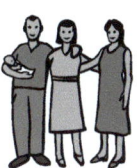

មីង

Tante

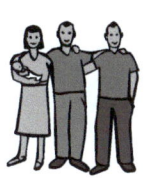

ពូ

Onkel

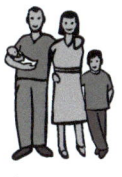

បងប្អូនប្រុស

Bruder

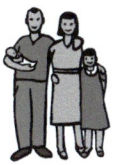

បងប្អូនស្រី

Schwester

រាងកាយ

Körper

ថ្ងាស
Stirn
ភ្នែក
Auge
ស្មា
Schulter
ម្រាមដៃ
Finger
មុខ
Gesicht
ចង្កា
Kinn
ដៃ
Hand
ជើង
Bein
សុដន់
Brust
ដៃ
Arm

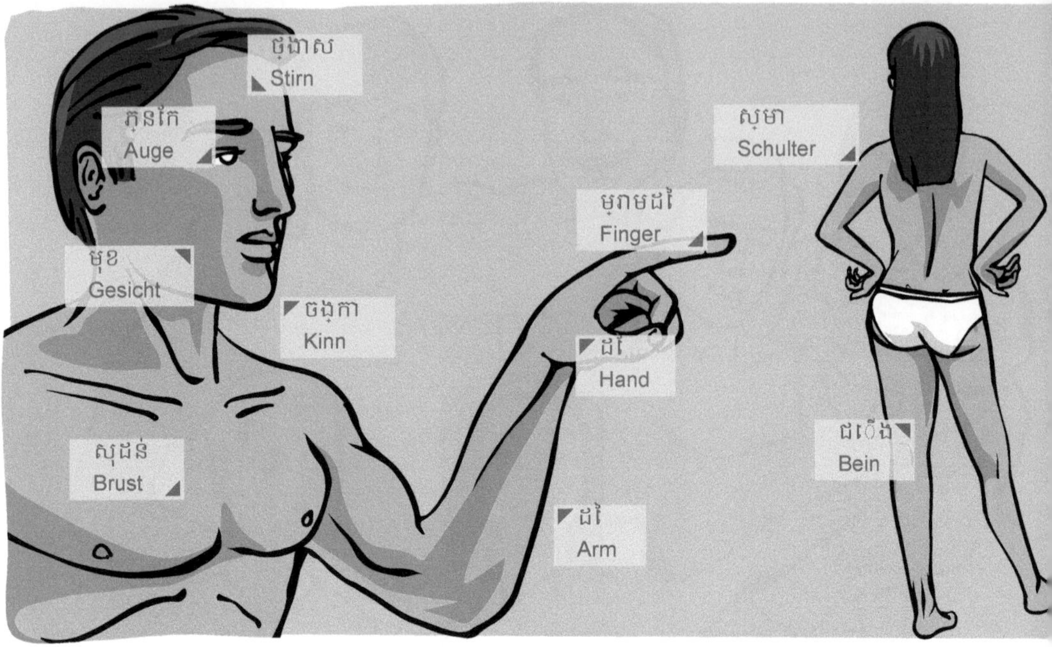

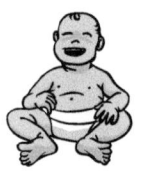

ទារក

Baby

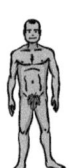

បុរស

Mann

ស្ត្រី

Frau

ក្មេងស្រី

Mädchen

ក្មេងប្រុស

Junge

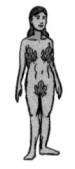

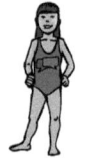

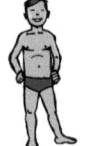

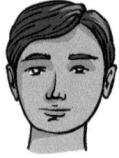

ក្បាល

Kopf

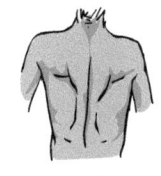

ខ្នង
Rücken

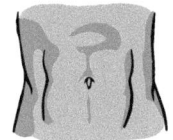

ពោះ
Bauch

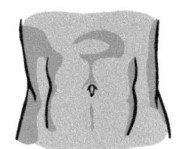

ផ្ចិត
Nabel

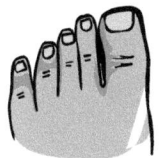

មុជមជើង
Zeh

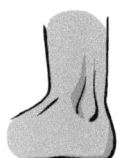

កែងជើង
Ferse

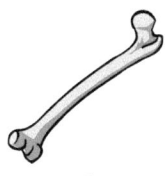

ឆ្អឹង
Knochen

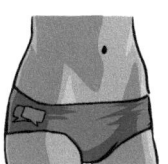

គូទត្រគាក
Hüfte

ជង្គង់
Knie

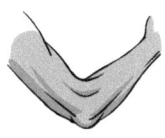

កែងដៃ
Ellenbogen

ច្រមុះ
Nase

គូទ
Gesäß

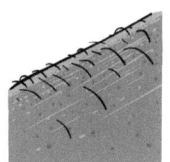

ស្បែក
Haut

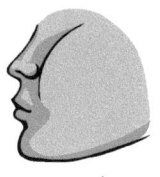

ថ្ពាល់
Wange

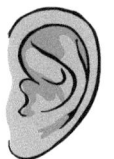

ត្រចៀក
Ohr

បបូរមាត់
Lippe

មាត់

Mund

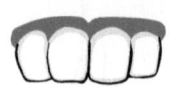

ធ្មេញ

Zahn

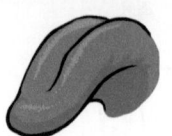

អណ្តាត

Zunge

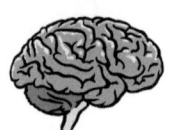

ខួរក្បាល

Gehirn

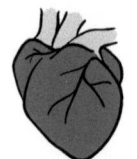

បេះដូង

Herz

សាច់ដុំ

Muskel

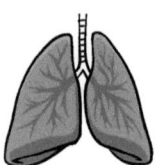

សួត

Lunge

ថ្លើម

Leber

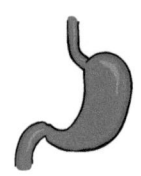

ក្រពះ

Magen

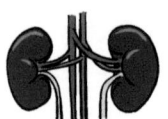

តម្រងនោម

Nieren

ការរួមភេទ

Geschlechtsverkehr

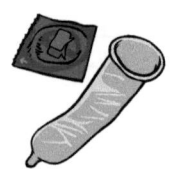

ស្រោមអនាម័យ

Kondom

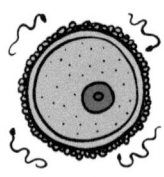

អូវុល

Eizelle

ទឹកកាម

Sperma

ការមានផ្ទៃពោះ

Schwangerschaft

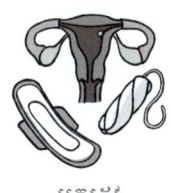

មករដូវ

Menstruation

ទ្វារមាស

Vagina

លិង្គ

Penis

ចិញ្ចើមភ្នែក

Augenbraue

សក់

Haar

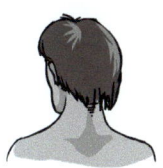

ក

Hals

មន្ទីរពេទ្យ
Krankenhaus

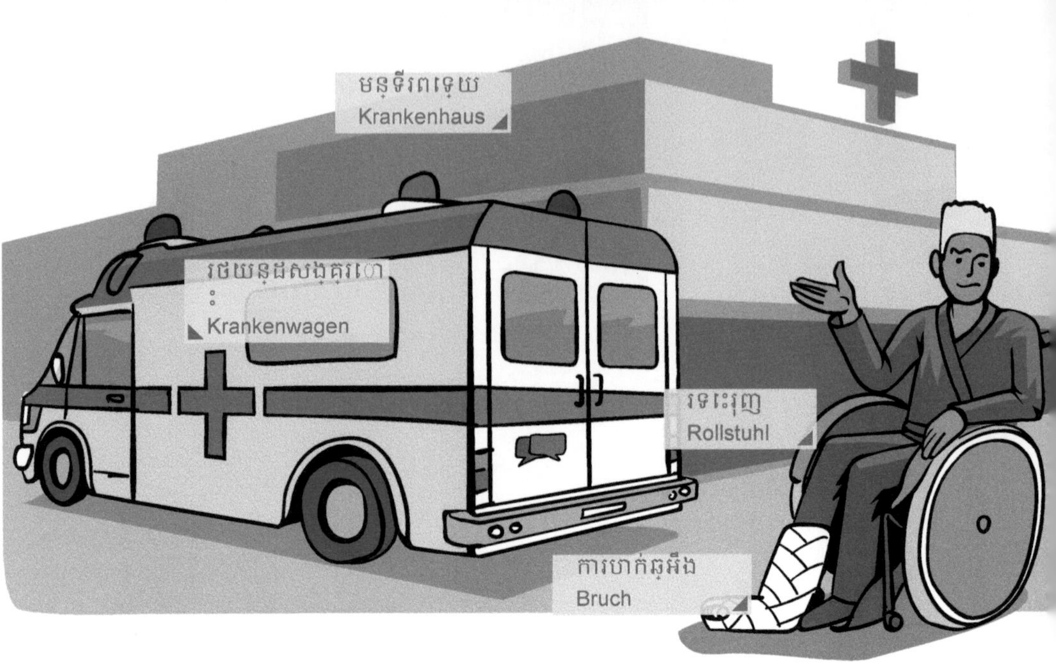

មន្ទីរពេទ្យ
Krankenhaus
រថយន្តសង្គ្រោះ
Krankenwagen
រទេះរុញ
Rollstuhl
ការបាក់ឆ្អឹង
Bruch

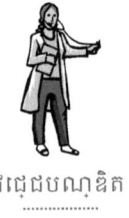

វេជ្ជបណ្ឌិត

Arzt

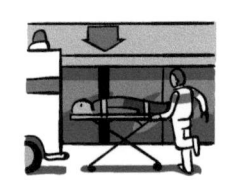

បន្ទប់សង្គ្រោះបន្ទាន់

Notaufnahme

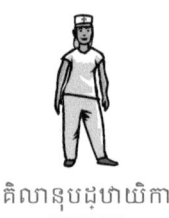

គិលានុបដ្ឋាយិកា

Krankenschwester

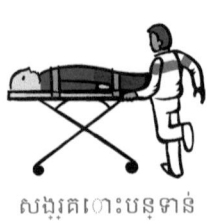

សង្គ្រោះបន្ទាន់

Notfall

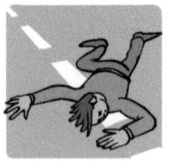

សន្លប់

ohnmächtig

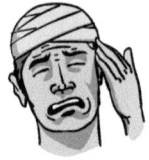

ការឈឺចាប់

Schmerz

ការរងរបួស

Verletzung

ការហូរឈាម

Blutung

គាំងបេះដូង

Herzinfarkt

មុឱ៍ដាច់សរសៃឈាមក្នុង
ក្បាល

Schlaganfall

អាលកែហ្សី

Allergie

ក្អក

Husten

ជំងឺគ្រុន

Fieber

ជំងឺផ្តាសាយ

Grippe

ជំងឺរាគគួស

Durchfall

ឈឺក្បាល

Kopfschmerzen

ជំងឺមហារីក

Krebs

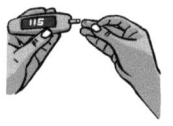

ជំងឺទឹកនោមផ្អែម

Diabetis

គ្រូពេទ្យវះកាត់

Chirurg

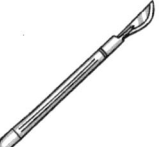

កាំបិតវះកាត់

Skalpell

បុរិតិបត្តិការ

Operation

CT

CT

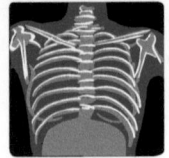

កាំរស្មីអ៊ិច

Röntgen

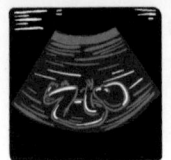

អេកូ

Ultraschall

របាំងមុខ

Maske

ជំងឺ

Krankheit

រង់ចាំបន្ទប់

Wartezimmer

ឈើច្រត់

Krücke

មួនាងសិលា

Pflaster

បង់រុំ

Verband

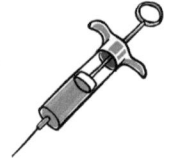

ការចាក់ថ្នាំ

Injektion

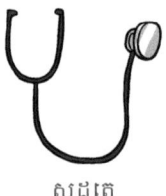

ស្តដគ្លេ

Stethoskop

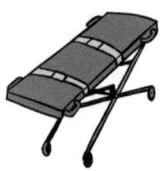

សុនដែរប្រេស

Trage

ទែម៉ូម៉ែត្រវេជ្ជសាស្ត្រ

Thermometer

កំណើត

Geburt

លើសទម្ងន់

Übergewicht

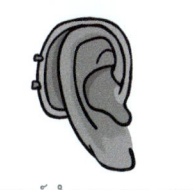

ឧបករណ៍ជំនួយការស្ដាប់

Hörgerät

សារធាតុសម្លាប់មេរោគ

Desinfektionsmittel

ការឆ្លងមេរោគ

Infektion

មេរោគ

Virus

មេរោគអេដស៍ / ជំងឺអេដស៍

HIV / AIDS

ថ្នាំពេទ្យ

Medizin

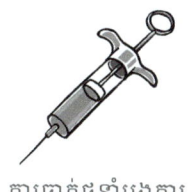

ការចាក់ថ្នាំបង្ការ

Impfung

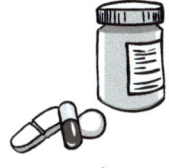

ថ្នាំគ្រាប់

Tabletten

ថ្នាំគ្រាប់

Pille

ការហៅទៅលេខអាសន្ន

Notruf

ឧបករណ៍ពិនិត្យសម្ពាធ
ឈាម
Blutdruck-Messgerät

ឈឺ / មានសុខភាពល្អ

krank / gesund

ជំនួយ!

Hilfe!

សំឡេងរោទ៍

Alarm

ការវាយលុក

Überfall

ការវាយប្រហារ

Angriff

គ្រោះថ្នាក់

Gefahr

ច្រកចេញគ្រោះអាសន្ន

Notausgang

អគ្គីភ័យ!

Feuer!

បំពង់ពន្លត់អគ្គិភ័យ

Feuerlöscher

គ្រោះថ្នាក់

Unfall

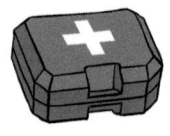

ឧបករណ៍ជំនួយបឋម

Erste-Hilfe-Koffer

SOS

SOS

ប៉ូលិស

Polizei

អឺរុប

Europa

អាមេរិកខាងជើង

Nordamerika

អាមេរិកខាងត្បូង

Südamerika

អាហ្វ្រិក

Afrika

អាស៊ី

Asien

អូស្ត្រាលី

Australien

អាត្លង់ទិច

Atlantik

ប៉ាស៊ីហ្វិក

Pazifik

មហាសមុទ្រវេណុឌា

Indischer Ozean

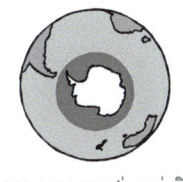

មហាសមុទ្រអង់តាក់ទិច

Antarktischer Ozean

មហាសមុទ្រអាកទិច

Arktischer Ozean

ប៉ូលខាងជើង

Nordpol

ប៉ូលខាងត្បូង
....
Südpol

អង់តាក់ទិក
....
Antarktis

ផែនដី
....
Erde

ដីគោក
....
Land

សមុទ្រ
....
Meer

កោះ
....
Insel

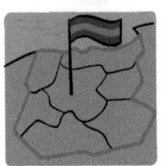

បុរទេសជាតិ
....
Nation

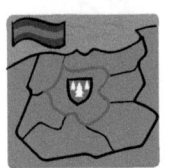

រដ្ឋ
....
Staat

មុខនាឡិកា

Zifferblatt

ទ្រនិចម៉ោង

Stundenzeiger

ទ្រនិចនាទី

Minutenzeiger

ទ្រនិចវិនាទី

Sekundenzeiger

ម៉ោងប៉ុន្មាន?

Wie spät ist es?

ថ្ងៃ

Tag

ពេលវេលា

Zeit

ឥឡូវនេះ

jetzt

នាឡិកាឌីជីថល

Digitaluhr

នាទី

Minute

ម៉ោង

Stunde

សប្ដាហ៍

Woche

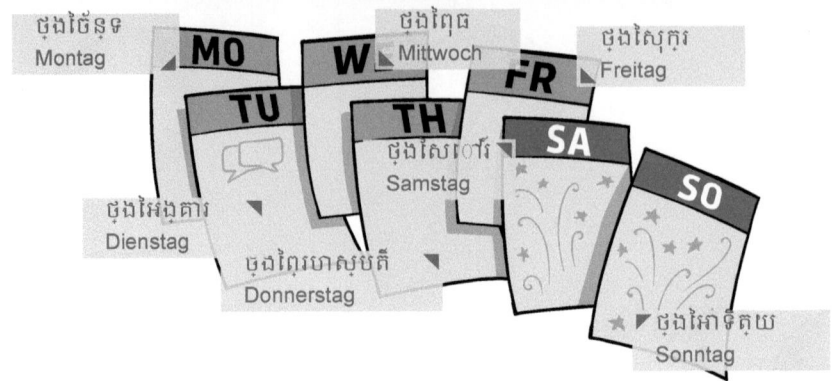

មុសិលមិញ	ថ្ងៃនេះ	ថ្ងៃស្អែកកែ
gestern	heute	morgen
		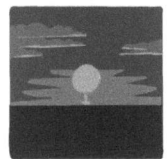
ព្រឹក	ថ្ងៃត្រង់	ល្ងាច
Morgen	Mittag	Abend

ថ្ងៃធ្វើការ

Arbeitstage

ចុងសប្ដាហ៍

Wochenende

ឆ្នាំ

Jahr

ទឹកភ្លៀង
Regen
ឥន្ទធនូ
Regenbogen
ខ្យល់
Wind
ព្រិល
Schnee
និទាឃរដូវ
Frühling
រដូវក្តៅ
Sommer
រដូវស្លឹកឈើជ្រុះ
Herbst
រដូវរងារ
Winter

4.APRIL 11°
5.APRIL 4°
6.APRIL 13°
7.APRIL 8°
8.APRIL 10°

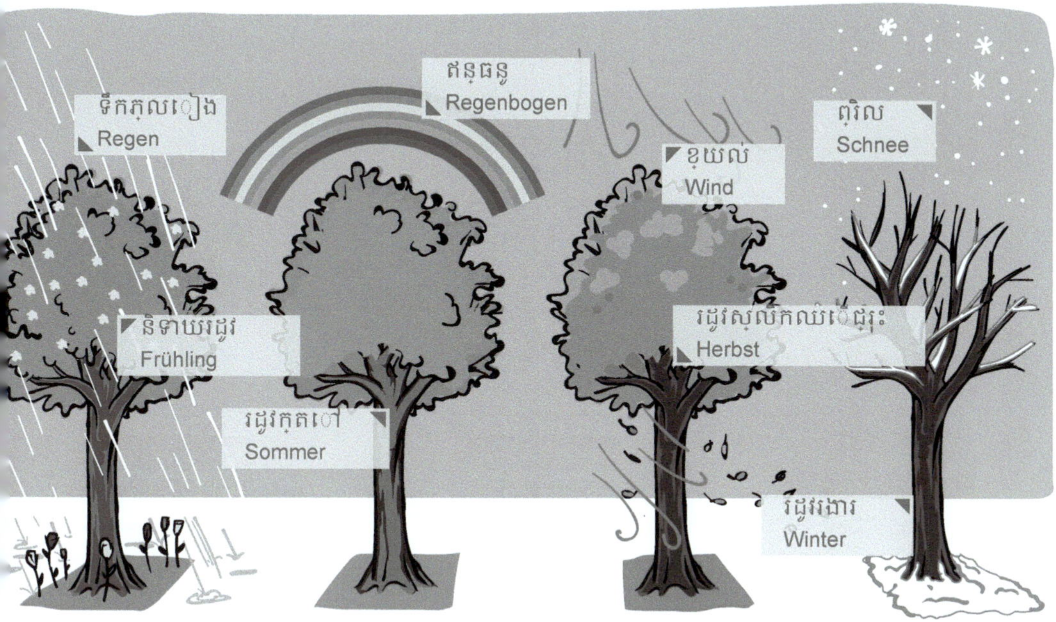

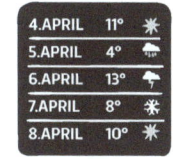

រព្យាករណ៍អាកាសធាតុ

Wettervorhersage

F C
120 90 60 30 0 -30
40 30 20 10 0 -10 -20

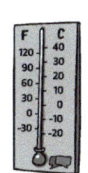

ទែម៉ូម៉ែត្រ

Thermometer

ពន្លឺថ្ងៃ

Sonnenschein

ពពក

Wolke

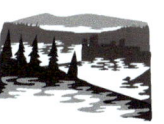

អ័ព្ទ

Nebel

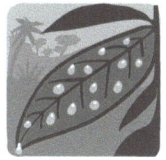

សំណើម

Luftfeuchtigkeit

រន្ទះ
Blitz

ផ្គរ
Donner

ព្យុះ
Sturm

ព្រិល
Hagel

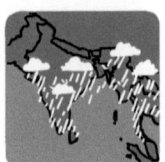

ខ្យល់មូសុង
Monsun

ទឹកជំនន់
Flut

ទឹកកក
Eis

ខែមករា
Januar

ខែកុម្ភៈ
Februar

ខែមីនា
März

ខែមេសា
April

ខែឧសភា
Mai

ខែមិថុនា
Juni

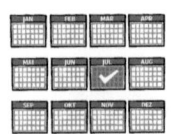

ខែកក្កដា
Juli

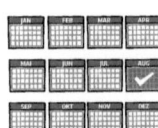

ខែសីហា
August

ខែកញ្ញា
....
September

ខែតុលា
....
Oktober

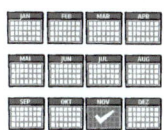

ខែវិច្ឆិកា
....
November

ខែធ្នូ
....
Dezember

រាង

Formen

រង្វង់
....
Kreis

ការ៉េ
....
Quadrat

ចតុកោណកែង
....
Rechteck

ត្រីកោណ
....
Dreieck

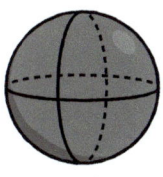

ស្វ៊ែរ
....
Kugel

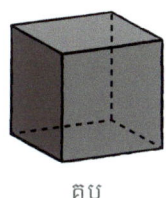

គូប
....
Würfel

Farben

ពណ៌ស

weiß

ពណ៌លឿង

gelb

ពណ៌ទឹកក្រូច

orange

ពណ៌ផ្កាឈូក

pink

ពណ៌ក្រហម

rot

ពណ៌សុវាយ

lila

ពណ៌ខៀវ

blau

ពណ៌បតែង

grün

ពណ៌ទឹកក្រូច

braun

ពណ៌បុរផះ

grau

ពណ៌ខ្មៅ

schwarz

ចុរវើន / តិចតួច

viel / wenig

ខឹង / គួរជាក់ចិត្ត

wütend / friedlich

សួរស់សុអាត / អាក្រក់

hübsch / hässlich

ចាប់ផ្ដើម / បញ្ចប់

Anfang / Ende

ធំ / តូច

groß / klein

ភ្លឺ / ងងឹត

hell / dunkel

បុអ្នកបុរស / បងបុអ្នកស្រី

Bruder / Schwester

សុអាត / កខ្វរក់

sauber / schmutzig

ពេញលេញ / មិនពេញលេញ

vollständig / unvollständig

ថ្ងៃ / យប់

Tag / Nacht

ស្លាប់ / នៅរស់

tot / lebendig

ធំទូលាយ / តូចចង្អៀត

breit / schmal

អាចបរិភោគបាន /
មិនអាចបរិភោគបាន

genießbar / ungenießbar

ចិត្តអាក្រក់ / ចិត្តល្អ

böse / freundlich

ការរំភើប / អផ្សុក

aufgeregt / gelangweilt

ធាត់ / ស្គម

dick / dünn

ដំបូង / ចុងក្រោយ

zuerst / zuletzt

មិត្តភក្តិ / សត្រូវ

Freund / Feind

ពេញ / ទទេ

voll / leer

រឹង / ទន់

hart / weich

ធ្ងន់ / ស្រាល

schwer / leicht

ភាពអត់ឃ្លាន /
ការស្រេកឃ្លាន
Hunger / Durst

ឈឺ / មានសុខភាពល្អ

krank / gesund

ខុសច្បាប់ / ត្រូវច្បាប់

illegal / legal

ឆ្លាតវៃ / ឆ្កួត

intelligent / dumm

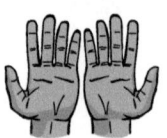

ឆ្វេង / ស្តាំ

links / rechts

ជិត / ឆ្ងាយ

nah / fern

ថ្មី / ហានប្រេ៉ី
....
neu / gebraucht

គ្មានអ្វីសោះ / អ្វីម្យ
....
nichts / etwas

ចាស់ / ក្មេង
....
alt / jung

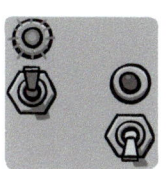

បើក / បិទ
....
an / aus

បើក / បិទ
....
offen / geschlossen

ស្ងប់ស្ងាត់ / ពុខ្ឡឱាំង
....
leise / laut

មាន / ក្រ
....
reich / arm

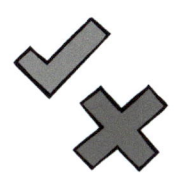

ត្រូវ / ខុស
....
richtig / falsch

គ្រេ៉ីម / លេៀង
....
rau / glatt

រាកចិត្ត / សប្បាយចិត្ត
....
traurig / glücklich

ខ្លី / វៃង
....
kurz / lang

យឺត / លឿន
....
langsam / schnell

សេ៉ីម / ស្ងួត
....
nass / trocken

ក្តៅ / ត្រជាក់
....
warm / kühl

សង្គ្រាម / សន្តិភាព
....
Krieg / Frieden

0	**1**	**2**
សូន្យ	មួយ	ពីរ
null	eins	zwei

3	**4**	**5**
បី	បួន	ប្រាំ
drei	vier	fünf

6	**7**	**8**
ប្រាំមួយ	ប្រាំពីរ	ប្រាំបី
sechs	sieben	acht

9	**10**	**11**
ប្រាំបួន	ដប់	ដប់មួយ
neun	zehn	elf

12

ដប់ពីរ
....
zwölf

13

ដប់បី
....
dreizehn

14

ដប់បួន
....
vierzehn

15

ដប់ប្រាំ
....
fünfzehn

16

ដប់ប្រាំមួយ
....
sechzehn

17

ដប់ប្រាំពីរ
....
siebzehn

18

ដប់ប្រាំបី
....
achtzehn

19

ដប់ប្រាំបួន
....
neunzehn

20

ម្ភៃ
....
zwanzig

100

រយ
....
hundert

1.000

ពាន់
....
tausend

1.000.000

លាន
....
million

អង់គ្លុលសេ

Englisch

អង់គ្លុលសេអាមរ៉ិក

Amerikanisches Englisch

ចិនកុកង៉ឺ

Chinesisch Mandarin

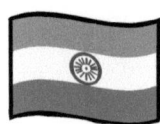

ហិណ្ឌូ

Hindi

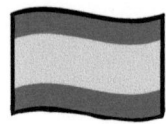

អេស្ប៉ាញ

Spanisch

ហារ៉ាំង

Französisch

អារ៉ាប់

Arabisch

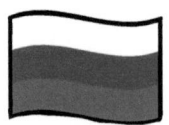

រុស្សី

Russisch

ព័រទុយហ្គាល់

Portugiesisch

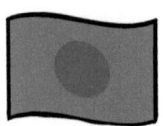

បង់ក្លាដ៍សែ

Bengalisch

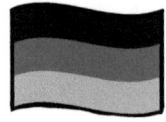

អាល្លឺម៉ង់

Deutsch

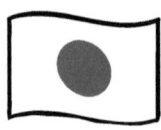

ជប៉ុន

Japanisch

ខ្ញុំ

ich

អ្នក

du

គាត់ / នាង / វា

er / sie / es

យេើង

wir

អ្នក

ihr

ពួកគេហេន

sie

នរណា?

wer?

អ្វី?

was?

របៀបណា?

wie?

កន្លែងណា?

wo?

ពេលណា?

wann?

ឈ្មោះ

Name

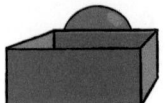

ពីក្រោយ

hinter

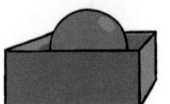

ក្នុង

in

ពីមុខ

vor

ពីលើ

über

នៅលើ

auf

នៅក្រោម

unter

នៅក្បែរ

neben

រវាង

zwischen

កន្លែង

Ort